अगर प्रेम ना होता

AF080565

मंजू डागर 'रामायणी'

BlueRoseONE.com
Stories Matter

© **Manju Dagar 'RAMAYANI' 2023**

All rights reserved

All rights reserved by author. No part of this publication may be reproduced, stored in a retrieval system or transmitted in any form or by any means, electronic, mechanical, photocopying, recording or otherwise, without the prior permission of the author.

Although every precaution has been taken to verify the accuracy of the information contained herein, the author and publisher assume no responsibility for any errors or omissions. No liability is assumed for damages that may result from the use of information contained within.

First Published in June 2023

ISBN: 978-93-93386-60-1

BLUEROSE PUBLISHERS

www.BlueRoseONE.com

info@bluerosepublishers.com

+91 8882 898 898

Cover Design:

Muskan Sachdeva

Typographic Design:

Rohit

Distributed by: BlueRose, Amazon, Flipkart

॥ अनुग्रह ॥

॥ राम ॥

आपका प्रयास, प्रसाद बने रहे

प्रभु प्रार्थना! प्रेरणा और

राम कृपा निरन्तरता साथ!

25-5-2023

परिचय

मैं मंजू डागर पेशे से एक अध्यापिका हूँ। मेरी जन्म-भूमि और कर्म-भूमि दोनों ही गुरुग्राम है। पढ़ना-पढ़ाना मेरा शौक है और लिखना स्वान्त:सुख। शब्दों से मेरी पक्की दोस्ती है और कलम मेरी हमसफ़र हो चली है। इस हमसफ़र के साथ चलते -चलते जीवन में एक खूबसूरत मोड़ आया जहाँ मुझे नवजीवन मिला। यहाँ मैंने खुद का नामकरण किया "रामायणी"।

तो इस तरह मैं हो गयी मंजू डागर "रामायणी"।

समर्पित है

उन पलो को जो इंतज़ार करते हुए
शब्दों का आकार ले कागज पर उतर गए
और अनुग्रह के पंखो से उड़ान भरकर
मेरे हृदय के आकाश पर छा गए

।। भरोसा ।।

"हो रहा है महसूस जैसे कोई रास्ता बनने वाला है
अनुग्रह के पंख निकल रहे है मुझे नया आसमाँ मिलने वाला है

रीत सनातन है ये और परम्परा भी पुरानी है
पर तय है कि अब कोई सिलसला नया सा चलने वाला है

कदम है छोटे छोटे से और चाल की भी औकात नहीं
मेरी छोटी सी पगडण्डी को कोई highway मिलने वाला है

अपने वजूद पर खुश हूँ कि मैं टुकड़ा हूँ लोहे का
मुझे छूकर कोई पारस अब सोना करने वाला है

अनुक्रमणिका

अगर प्रेम ना होता. 2

अगर प्रेम ना होता.. 5

इश्क़.. 9

मैं और तू..12

मेरी कहानी...15

आग का दरिया..17

वजूद मेरा.. 19

प्यास..21

गुनाह.. 24

कहाँ पता था..26

आज फिर... 28

मेरा किस्सा.. 30

एक सवाल... 32

बाईपास... 35

कर दो ना..37

ए–काश... 40

प्यारा लगता है... 43

कभी-कभी...45

तरल आँखें... 47

तू ही... 49

सतरंगी ख्वाब..52

अजनबी सा	55
उस दिन	57
ख्याल तेरा...	60
दुआओं में लिपटी दुआ	62
सलीका	64
करो फैसला अब	67
ONE WAY	70

मेरी ये रचना मेरी इस पुस्तक का मूल है। कहते है शिव संहार करते है, पर मै कहती हूँ शिव सृजन करते है क्योंकि वो प्रेम में हैं। मैंने जाना है उन्हें करीब से ... इतना करीब से कि मैं उन्हें प्रेम किए बिना रह ना सकी। मैंने महसूस किया उस वेदना को जिसकी आग में वो जले सती से बिछड़ कर। मैंने पाया कि प्रेम परस्पर होता और ऐसा प्रेम पत्थर (हिमालय के घर पार्वती के रूप में सती का जन्म) को भी अंकुरित कर देता है, सुकून की हरियाली से आच्छादित कर देता है और मेरे शब्दों एक रूप देता है।

अगर प्रेम ना होता

अगर प्रेम ना होता
तो शिव, शिव नही शव होता - -

ना सती जलती
ना शैलजा जन्मती
ना ही पत्थर पर बहार आती
ना ही गौरा - - अर्पणा कहलाती
ना शंकर भटकता
ना कैलाश जाता
ना प्रेमधूनि अनोखी रमाता
ना शंभू यूँ समाधि सजाता
ना अर्द्धनारीश्वर का जन्म होता
अगर प्रेम ना होता - - -

ना मीरा गाती
ना कृष्ण में समाती
ना बिन डोर का कोई बंधन होता
ना माधव का मन राधा से बंधा होता
ना गिरधारी मुरली पर प्रेम धुन गाता
ना सारथी बन अर्जुन को गीता सुनाता
ना गोपियों को विरह रास आता

ना वृन्दावन में निधिवन बन पाता
ना नृत्य करने खुद अस्तित्व जमीं पर उतरा होता
अगर प्रेम ना होता - - -

ना महादेव ने कहा होता
ना प्रेम से राम प्रगट होता
ना आहिल्या यूँ भरोसा करती
ना मरकर जीती. . . ना जीकर मरती
ना राघव धनुष तोड़ पाते
ना तुलसी रामायण लिख पाते
ना शबरी की तरह कोई इंतज़ार करता
ना सीता की तरह कोई आग का दरिया पार करता
ना किसी ने मुहब्बत को खुदा कहा होता
अगर प्रेम ना होता - - -

प्रेम गीता तो निर्झर बहती है

हदय की धड़कन के संगीत पर सजकर,

ये प्रेम गीत बन जाती है और गूंजती है चहूँ ओर

वेद की श्रुति और ऋचाओ जैसे - - -

अगर प्रेम ना होता

ना गीत बनता
ना ग़ज़ल में ढलता
ना रुबाई से लोबान की खुशबू आती
ना चौपाई में चन्दन की महक समाती
ना सुरो में होती सरगम
ना कदमो में होती थिरकन
ना खामोशियाँ कभी यूँ गुनगुनाती
ना यादें बदन को कभी छू पाती
ना 'अनहद-नाद' कहीं बजा होता
अगर प्रेम ना होता - - -

ना सीपी बाँह फैलाती
ना बूँद उसमे समाती
ना ही स्पर्श में स्पंदन होता
ना ही मोती का जन्म होता
ना बयाँ तिनका चुग-चुग लाती
ना दुनिया का बेहतरीन घोंसला बनाती
ना माँ का आँचल दूध से भरता
अगर प्रेम ना होता - - -

ना जेठ तपता
ना मेघ बरसता
ना प्रकृति करती श्रृंगार
ना रंग भर पाता चित्रकार
ना अल्हड इठलाती
ना खुद पर इतराती
ना नदियाँ इस कदर मचलती
ना सागर की ओर चलती
ना क्षितिज पर धरती गगन का आलिंगन होता
अगर प्रेम ना होता - - -

ना बीज बनता
ना ही सृजन होता
ना फूलो का कोई रंग होता
ना फलो में कभी रस होता
ना भौरा करता गुंजार
ना हवा गाती मल्हार
ना धूप में कभी बारिश होती
ना दर्द में कभी दवा की अनुभूति होती
ना ही इन्द्रधनुष सतरंगी होता
अगर प्रेम ना होता - - -

ना खोने का डर होता
ना पाने की चाहत होती
ना ही खुदा होता
ना ही कोई इबादत होती
ना कबीरा ढाई आखर गाता
ना ही इसे पढ़ने वाला पंडित कहलाता
ना बावन अक्षरों के परे एक भाषा होती
ना अधूरे इश्क़ की संपूर्ण परिभाषा होती
ना हँसना रोना एक साथ होता
अगर प्रेम ना होता - -

इश्क़ एक खुमारी है जो हर

किसी को एक बार जरूर चढ़ती है

अंतर है तो पाकीजगी का ---

ये किसी का कातिलाना है तो किसी का सूफ़िआना

इश्क़

तुमने जो देखा इस तरह
तो जी उठे मरने वाले
और फिर यूँ मुस्कुरा कर
क़त्ल कर दिया तुमने

तुमने जो हँस कर खैरियत पूछी
तो दर्द सब भूल गए हम
और फिर यूँ गले लगा कर
गीतों को गजल कर दिया तुमने

तुमने जब किया आने का वादा
तो उस पल में जी उठे हम
और फिर जाने का वक़्त बता कर
मौत का सामान कर दिया तुमने

तुमने जो छू लिया रूह को अनायास
तो अंदाज बदल गए हमारे
और हमें नजरअंदाज करके
दामन को चाक कर दिया तुमने

तुमने जो सिखाया 'इश्क़'
तो डूबे इस कदर हम यार
तुम्हारे नाम से शुरू हो कर
तुम्ही पर ख़त्म कर दिया हमने

प्रेम जब परिचय को पहचान बना देता है तब का दौर है ये। ये अनुभूति है इसलिए इसके शब्द, शब्द नहीं मोती है

मैं और तू

बहुत दूर तक चलती हूँ मैं
जब तू मुझमे शिरकत करता है
बेमिसाल किरदार हो जाती हूँ
जब तू मुझमे उतरता है ---

एक दिन सोचा यूँही
चलो आज तुम पर ना लिखूँ
उस दिन कलम ने पूछा
बता फिर आज क्या लिखूँ
बहुत सोचा -- बहुत सोचा
बहुत सोचा -- पर कुछ लिख ना पाई
ना मिले शब्द ना घुली रोशनाई

फिर मैंने सोचना छोड़ा
खुद को मैंने वापिस मोड़ा
फिर मैं पहुँची तुम तक
फिर कागज पर हुई हरकत
फिर एक बेहतरीन गजल बनी
फिर खुद-ब-खुद वो तरन्नुम में ढली

मैं खुद को महसूस करने लगती हूँ
जब तू मुझ से गुजरता है
जहाँ लिखा है तेरा पता 0 किलोमीटर
मेरी जिंदगी का बेहतरीन रास्ता है

प्रेम विरह की अग्नि में तपकर कुंदन होता है,
प्रेम वियोग की धरा पर सुपल्लवित होता है
और वजूद की महक से सुवासित होता है

मेरी कहानी

मुझे बहाने को वो हर हद तोड़ गया
बादल बनकर मुझ से रिश्ता जोड़ गया
कोई सैलाब मुझे बहा नही सकता
ये तो उसका ख्याल अपना आँसू छोड़ गया

हमख्याल बन बेख्याली में छोड़ गया
मैंने तो पहले ही कहा था, कहकर छोड़ गया
हम कहाँ नशे के आदी थे
ये तो उसका तसव्वुर अपनी लत छोड़ गया

मदहोश करके मुझे बेहोश छोड़ गया
बेतरतीब सी एक अदब छोड़ गया
बेशकीमती इत्र नही कोई
ये तो उसका सलीका अपनी लत छोड़ गया

मेरी कहानी को किस्सा करके छोड़ गया
मुझमे मिलकर एक हुआ फिर हिस्सा करके छोड़ गया
अब हम क्या कहते 'साहब'
ये 'कहकहा' है कहकर… होठो पे आह छोड़ गया

इस प्रेम गीता की शुरुआत ही

सती के जलने से होती है।

इतना प्रेम कि अपने प्रियतम का अपमान

सह ना पाई अपने प्रियजनों के द्वारा।

कुछ कह ना पाई बस यज्ञ में भस्म हो गई----

कभी किया है ऐसा इश्क़, कभी हुआ है ऐसा प्रेम

बताओ ना --

आग का दरिया

ये इश्क़ भी बड़ा अजीब है
जितना छुपाओ जाहिर होता
जिसने ना किया --वो क्या ख़ाक जिया
और जिसने कर लिया -- वो भी ख़ाक ही होता है

इसकी दास्तान भी अजीब है
अजब इसका दस्तूर होता है
जिसने लिखी वो गुनहगार हुआ
और जिसने ना पढ़ा --उसे मलाल ही होता है

आग का दरिया है ये
सच ही होगा --अगर ग़ालिब कहता है
जो भी इसमें डूबा उसका जलना तय है
और जो नहीं डूबा --उसकी जलन को ग़ालिब भी कहाँ जानता है

मासूम सा कातिल है ये
मगर फिर भी बड़ा प्यारा है
कोई इस पर मर जाता
और किसी को ये मार देता है

प्रेम बहुत खूबसूरत होता है
क्योंकि प्रेम में सब कुछ खूबसूरत होता है
प्रेम एक अनुभूति है खूबसूरत
प्रेम का अहसास बेहद खूबसूरत होता है

वजूद मेरा

तुझसे मिलने से पहले
क्या था वजूद मेरा
खुद को पाया और खुद को चाहा
तुझसे मिलने के बाद

भटक रही थी खुद में ही
गुमशुदा सी थी कहीं
खुद को तलाशा और खुद को तराशा
तुझसे मिलने के बाद

अंजान थी अपनी ही
खूबसूरती से मै
खुद को संवारा और खुद को सजाया
तुझसे मिलने के बाद

कोई इश्क़ को आग का दरिया कहे
तो कोई कहे प्यास
सबकी अपनी-अपनी परिभाषा
सबके अपने-अपने अहसास

प्यास

प्यास बस प्यास ही है
तलब अपनी -अपनी है
किसी को समंदर भी कम है
और किसी को बूँद भी काफी है

रात महज रात ही है
ख्वाब अपने-अपने है
कहीं पर चाँद पूरा है
और कहीं पर अमावस आती है

यादें फ़ख़्त यादें ही है
अहसास अपने-अपने है
कोई आबाद हो जाता है
और किसी को ये बर्बाद कर जाती है

दर्द केवल दर्द ही है
मंजर अपना-अपना है
किसी के अश्क़ जम जाते है
और कहीं शबनम भी पिघल जाती है

किस्मत तो किस्मत है
लकीरे अपनी-अपनी है
कोई फलक पर रोशन होता है
और किसी की हस्ती मिट जाती है

इश्क़ निरा इश्क़ ही है
ये सबका एक सा होता है
ना किसी को महफ़िल मिलती है
ना किसी को मंजिल मिलती है

इश्क़ और आंसुओं का एक गजब का रिश्ता है
फिर भी हर कोई करता है ---
शायद जोर नही चलता खुद पर
शायद प्रेम को प्रेम होना होता है इश्क़ से गुजर कर

गुनाह

गुनाह ये संगीन कर बैठे है
हम उनसे मुहब्बत कर बैठे है
गुनाह इसलिए कि हमने किया
और संगीन यूँ कि उनसे कर बैठे है

लोग चाहते है उसे पागलो की तरह
हम भी पागलपन कर बैठे है
चाहते थे उसे एक बार छूना बस
या खुदा गजब हिमाकत कर बैठे हैं

उसके शौक महँगे थे बहुत
हम खुद को सस्ता कर बैठे है
वो गहरी नींद का आदी था
हम ख्वाब्गाहों की जिद कर बैठे है

क्यों इश्क़ मीठा और अश्क़ खारे होते है
फिर भी ये अश्क़ इतने प्यारे क्यों होते है

कहाँ पता था

तुझपे मरने से पहले मुझे जीना कहाँ पता था
बस हँसना ही आता था, रोना कहाँ पता था
दोस्त थे, मेले थे, अकेले थे, झमेले थे
महफ़िल थी-- सब था, तन्हाई का कहाँ पता था

तुझे चाहने से पहले मुझे इबादत का कहाँ पता था
बस ख़्वाबों से ही नाता था मुझे जुनून का कहाँ पता था
दिल था, धड़कन थी, होश था, सुरूर था,
साँसे थी -- सब था, जिंदगी का कहाँ पता था

तेरे अपना कहने से पहले मुझे गुरूर का कहाँ पता था
बस इठलाना आता था मुझे इतराना कहाँ पता था
हुनर था, तरीका था, नजाकत थी, अदब था,
शऊर था--सब था, पर सलीका कहाँ पता था

जिसने चखा उसने जाना स्वाद इश्क़ का
जिसने किया उसने जाना स्वरूप प्रेम का
प्रेम की एक आँख में आँसू
और एक आँख में इंतज़ार होता है
प्रेम सृजन का आधार होता है

आज फिर

आज फिर मेरा कागज कोरा रहा
आज फिर मैं कुछ लिख ना पाई
आज फिर तू कहीं मशरूफ रहा
आज फिर तुझे मेरी याद ना आई

रात भर देखा उस चाँद ने मुझे
और निहारा मैंने भी रात भर उसको
आज फिर आँखों में कोई ख्वाब ना सजा
आज फिर मुझे नींद नही आई

थोड़े तो खुले रखे थे आज भी किवाड़
कुछ तो हटाया था आज भी पर्दा
आज भी तू मेरी गली से ना गुजरा
आज फिर मुझे कोई आहट ना आई

कितनी ही बातें करनी थी तुझसे
और मिलवाना था तुमको ही तुमसे
आज फिर तू कुछ सुन नही पाया
आज फिर मैं कुछ कह ना पाई

प्रेम की एक सबसे बड़ी मुश्किल ये है
कि ये अभिव्यक्त नहीं हो सकता
अपने शब्दों में जाने कितने ही ग्रंन्थ
लिख सकने वाला प्रेमी अपने प्रियतम
को एक भी शब्द कहने में नाकाम रहता है

मेरा किस्सा

जायका अलग है मेरे शब्दों का
कोई पढ़ नही पाता-- कोई समझ नही पाता

ढाई आखर का मेरा किस्सा
वो भी मुझसे बयां हो नही पाता

यूँ ही आ बैठी हूँ यहाँ तो बैठी रहने दो
यहाँ से उठकर अब कहीं जाया नही जाता

मेरे ख्यालो से ख़्वाबों तक तुम ही तुम
क्या तुम्हे ख्वाबो में भी मेरा ख्याल नही आता

कहना भी बस तुमसे ही है, सिर्फ तुमसे ही है
और तुमसे ही, कहा नही जाता

कहकर कहा-- तो फिर क्या कहा
क्या तुम्हे बिन कहा समझ नही आता

खत तो रोज लिखती हूँ पर पहुँचे कैसे
सुना है तेरे शहर में अब डाकिया नही जाता

यूँ तो प्रेम में कोई शिकायत नहीं होती और

शिकायती चित्त कभी प्रेम कर भी नही सकता

मगर प्रेमी जब बुद्ध हो जाये तब एक सवाल किया जा सकता है

एक सवाल

वो बात कहाँ तक पहुँचेगी
जो बात यहीं पर ठहरी है...
कितनी ही सुबहें शाम हुई
पर ढलती नहीं दुपहरी है।

ना कल बीता ना आज हुआ
पर पूरा मंजर बदल गया ...
कैलेंडर कितने बदल गए
वो तारीख वहीं पर ठहरी है।

ना सच बोला ना झूठ कहा
और कहने से अब हासिल क्या...
तुम बुद्ध हुए मैं बुत्त हुई
वो रात वहीं पर ठहरी है।

नामुमकिन है अब जुड पाना
इस कदर टूट कर बिखरें हैं ...
कुछ रूह के टुकड़े ज्यादा है
कुछ चोट बदन पर गहरी है।

ना मसला था ना मुद्दे हैं
फिर भी ढेर है असलो का
मुहब्बत की कश्ती में छेद बहुत
और नदी नफरत की गहरी है।

और बात चलती है तो दूर तक जाती है
जो भीतर दफ्न है उसे बाहर ले आती है..
यूँ तो सफर है यहाँ, सबका अपना-अपना
कौन किसका हमसफर हुआ
इश्क की इमारत में दिल का एक कमरा था
वो जाने क्यों खण्डहर हुआ...

बाईपास

क्यों भटकते हो इस शहर में बेवजह
ये वह पूछता है
जिसका ताजमहल दफन है इस खंडहर में

अपना-अपना हिस्सा है सबका
बस मैं खाली हूँ
वरना मयखाने तो बहुत है तेरे इस शहर में

जुगनू तो अक्सर आते हैं शाम ढले
पर अब अंधेरा नही होता
माशा-अल्लाह रोशनी बहुत है तेरे इस शहर में

पास से नही आसपास से गुजरते हैं
अब कोई भीतर नही आता
बाईपास बहुत है अब रिश्तों के सफर में

फिर भी इस खंडहर महल में शमां रोशन रहती है प्रेम की...
ताकि उसके कदमों को कुछ चुभन ना हो,
एक उम्मीद कायम रहती है उस टूटे हुए आईने की तरह
जिसके हर टुकड़े में अक्स उसका ही दिखाई देता है

कर दो ना

एक बार अपना कह कर
आम से खास कर दो ना
ताउम्र के लिए जो बना दे दिन...
मुझे एक ऐसी शाम दे दो ना

ताक रहे हैं तुम्हें ही
एक बार तो नजर उठाओ
दामन बिछा कर बैठे हैं...
कहकशाँ भर दो ना

जख्म रिस रहे हैं
बनकर कुछ नासूर से
दर्द भी उधड रहे है अब...
थोड़ी सी रफू कर दो ना

मेरे ख्वाब मेरे हैं
सिर्फ मेरे ही हैं
कभी इन में आकर तुम...
इन्हे अपना कर दो ना

मैंने खुदा से माँगा तुम्हें
और तुमने किसी और को
उसके साथ ही सही...
कभी मेरी गली से गुजरो ना

इश्क के इन खंडहरों में

प्रेम कभी दफ्न हो नही सकता

दफ्न होकर फना हो नही सकता

कभी शब्द बनकर तो कभी संगीत बन कर फूट पड़ेगा...

ये वो बूँद तत्व है जो शुष्क हो नही सकता

ए-काश

काश तेरे मकान में
सिर्फ खिड़कियाँ होती दरवाजा ना होता
नीची सी होती चारदीवारी
और झरोखों का काँच कुछ बड़ा होता

ऐ काश कि ये हो पाता
तेरे मेरे बीच में ना मैं आती ना तू आता
कोई तो किस्सा बनता ऐसा
जिसमें ना कहानी आती और ना किरदार आता

होती कोई याद ऐसी काश
जिसके बिन ना जी पाते और ना मरा जाता
कोई तो बंधन बंधता ऐसा
ना मैं रोक पाती और ना तू जा पाता

काश होता कोई लम्हा ऐसा
जिसमें तेरी मेरी गुफ्तगूं होती
बीत जाती सदियाँ-दर-सदियाँ
बस वो पल वहीं ठहरा रहता

ऐ काश कि ये होता
ऐ काश कि वो होता
कुछ और होता ना होता
बस ये दरमियां- ए -काश ना होता

कभी में करीब से देखो तुम प्रेम का रंग
कभी तो महसूस करो तुम प्रेम का ढंग
कभी खोजना वो सिरा जो था प्रेम का आगाज़
कभी तलाशना वो सिरा जो हो प्रेम का अंत - -

प्यारा लगता है

जो भी तेरा जिक्र करे
हर शख्स वो प्यारा लगता है
मेरी दीवानगी का है ये आलम
मुझे जग आवारा लगता है

दूर रहकर भी रूबरू
इनमे है तू हूबहू
मुझे मेरी आँखों का आइना प्यारा लगता है
जो भी तेरा जिक्र करे हर शख्श वो प्यारा लगता है

अब तो है मेरा ये हाल
ख्वाबो में भी तेरा ख्याल
महफ़िल हो या तन्हाई बस तेरा चेहरा दिखता है
जो भी तेरा जिक्र करे हर शख्स वो प्यारा लगता है

और जब इन आँखों को बस उनकी ही सूरत भाने लगती है
तो कभी-कभी वो पलके मूँद लेती लेती है जब उनसे दिल
का दर्द सहन नहीं होता। दिल हर बेवफाई कुबूल कर लेता है
क्योंकि वो दीवाना होता है मगर आँखें साथ नही देती
क्योंकि दर्द के दरिया का पानी आग को बुझाता नही
लगाता है, बढ़ाता है।

कभी-कभी

कभी-कभी मेरी आँखें मुझ से तकरार कर लेती है
वो मेरे साथ मुस्कुराने से इंकार कर देती है
सुर्ख को सुर्ख और स्याह को स्याह बताती है
वो आइना बनने जिद्द इख्तयार कर लेती है

ख़्वाब सजाने का ख़्वाब भी दरकिनार कर लेती है
दिल की गुस्ताखियों पर ख़बरदार कर देती है
हम तो पी लेते है आँसू हँसकर, हमें तो आदत है
पर वो पैमाना बनने से इंकार कर देती है

कभी-कभी अपनी चमक से मेरी चाहत का इज़हार कर देती है
ये मेरे महबूब की पाकीजगी का एतबार कर लेती है
दे देती है उसे इजाजत ख्वाबगाहों में आने की
ये कभी-कभी मुझपर अहसान भी कर देती है

इश्क़ का समंदर से

प्रेम का नदी से

मुहब्बत का झरने से

और आँख का आँसू से - - -

रिश्ता सबका पानी से मगर फिर भी लोग कहे इसे आग का दरिया

अब लोगों की बात लोग ही जाने परवानो को तो जलने की ही ज़िद्द होती है

तरल आँखें

अच्छा है कि समंदर खारा है
वरना उसकी गहराई गहराई ना रहती
कुछ तो बात है उसके नमक में यारा
वरना नदियाँ उसकी तरफ यूँ ना बहती

ये तो अच्छा है की तू मुझ से दूर है बहुत
पास होते तो ये दूरी कम ना होती
अब तो बातें मैं कर लेती हूँ हवा से भी
तुमसे ना मिलती तो मेरी ये रफ़्तार ना होती

तेरा इश्क़ मीठा और मेरे अश्क खारे
सुनो मीठी बातो में इतनी भी बात नहीं होती
तरल है मेरी आँखें मुहब्बत रहती है उनमे
'साहब' बेनम आँखों की ये औकात नही होती

किसी ने बड़ी प्यारी पंक्तियाँ लिख दी है

कैसा ये इश्क़ है

गजब सा इश्क़ है...

और किसी ने ये भी लिखा

खाली दिल नही, जान भी ये मंगदा

इश्क़ दी गली विचों कोई-कोई लंघदा

पर मैंने किसी को लाँघते नहीं देखा, सबको डूबते ही देखा है

फिर भी जाने क्या माजरा है हर किसी को इस मर्ज की तलब है

तू ही

तू ही दुआ
तू ही दवा
इसके बाद बचा ही क्या है ...

तू ही गम
तू ही खुशी
मुझमें मेरा बचा ही क्या है ...

तू ही शब्द
तू ही संगीत
महसूसी में बचा ही क्या है ...

तू ही मंजिल
तू ही रास्ता
तय करने को बचा ही क्या है ...

तू ही सुबह
तू ही शाम
दोपहरी में बचा ही क्या है ...

तुझ से शुरू
तुझ पे खत्म
खोने को अब बचा ही क्या है ...

तुमको ये सब भाता नही
मुझे कुछ और आता नही
बता बीच का रास्ता क्या है ...

जब मर्ज और माजरा एक हो

जब दर्द और दवा एक हो

जब राह और मंजिल एक हो

तब आँखें सिर्फ सतरंगी ख्वाब ही बुनती है।

वही सतरंगी रंग जो श्वेत से निकले और स्याह में

समा गए, बिखरे तो श्वेत हुए और एकत्रित हुए तो श्याम

हो गए –

सतरंगी ख्वाब

ये मेरी आँखें बड़ी-बड़ी और गहरी थी
ये मासूम और ठहरी सी थी
फिर एक दिन इनमे तुम्हारे काजल का रंग भर गया
आँख के रास्ते ये जाकर दिल में उतर गया
अब दुनिया में कोई भी बदसूरत ना था
पर मुझ सा भी खूबसूरत ना था

मेरा आईना मेरा हमराज हो गया
काजल का रंग रुखसार पर आकर लाल हो गया
मैं दरवाजा बंद करते ही खिड़की खोलने लगी
मैं चाँद पहनने लगी और तारों को ओढ़ने लगी

मगर फिर एक दिन वो काजल बह गया
जाकर आँखों में थोड़ा सा नीचे ठहर गया
असरदार था स्याह घेरे कर गया
रुखसार का लाल रंग गेहुएँ में बदल गया
जब आँखों में था तो सुर्ख था गाढ़ा था
फिर भी आँसू से धुल गया
अब आँखों के नीचे है तो धुँधला है गाढ़ा है
पर अब ये जाता नही रम गया

उम्र बीत गई - - - मगर वो उम्र नही बीतती है
नींद तब भी नहीं आती थी - नींद अब भी नहीं आती है
लेकिन सुनो जब भी कभी गलती से ये आँख लग जाती है
तो ये स्याह घेरे वाली आँखें ख्वाब सतरंगी ही बुनती है

प्रेम है नाम चाहने का
प्रेम है अहसास देने का
प्रेम है डर खोने का
प्रेम का भाव कायम है
प्रेम का सार इंतज़ार है
प्रेम का परिचय भगवान है

अजनबी सा

तुम लौट के आ जाना
तुझ बिन सब सूना
क्या गोकुल क्या बरसाना - -

राधा नाचे कैसे
बंसी नहीं बजती है
पायल खनके कैसे - -

वो चाँद चौदवहीं का
रूठा-रूठा जैसे
लगता है अजनबी सा - -

किस मोड़ पर छोड़ गए
हम से लेकर वादा
हर वादा तोड़ गए

रीते रह जाते है
वो पैमाने अक्सर
जो प्यास बुझाते है - -

प्रेम तो रीत है सनातन
प्रेम तो पंत है पुरातन
प्रेम ऊंचाई है कैलाश की
प्रेम धरा है वनवास की
प्रेम पावन धारा है बृज की
प्रेम रण भूमि है कुरुक्षेत्र की
प्रेम आरजू है जीने की
प्रेम तमन्ना है मरने की
प्रेम से बंधा हुआ मानव
प्रेम से जुदा कहाँ है माधव

उस दिन

उस दिन मैंने माधव को श्री कृष्णा बनते देखा था
चित चुराने वाले को नजर चुराते देखा था

क्या बीती होगी सोचो
जब मुरली राधा को दी होगी
जिसमे आज तक बसता है
कैसे वो ब्रजभूमि छोड़ी होगी
गैया, मैया, राधा, सखियाँ और बाबा सबको रोते देखा था
उस दिन मैंने कान्हा को श्री कृष्णा बनते देखा था
चित चुराने वाले को नजर चुराते देखा था

सोचो कैसे गिरधारी ने
ऊँगली पर चक्र चलाया होगा
जहाँ रोज मरते थे अपने
वहाँ कैसे वो जी पाया होगा
जिन अधरों को मुरली की आदत थी उन्हें शंख बजाते देखा था
उस दिन मैंने केशव को श्री कृष्णा बनते देखा था
चित चुराने वाले को नजर चुराते देखा था

कैसे सही होगी पीड़ा
सर शैय्या वाले भीष्म की

धीरज कैसे लाया होगा
मौत पर अभिमन्यु की
गांधारी से मिले श्राप को जीते जी जीते देखा था
उस दिन मैंने नटवर को श्री कृष्णा बनते देखा था
चित चुराने वाले को नजर चुराते देखा था

कैसे हो पूरा जिसकी फितरत ही अधूरी है
पर सुनो...क्या इसका पूरा होना बहुत जरूरी है ??

ख्याल तेरा...

बस एक ख्याल तेरा...
और सब मुकम्मल मेरा

इतनी-सी कहानी मेरी
बाकी सब अफसाना तेरा

मेरी दुनियाँ की हद तू
हद के बाहर सब कुछ तेरा

पास रहूँ तो तेरी बातें
और दूर रहूँ तो जिक्र तेरा

बस एक ख्याल तेरा
और सब मुकम्मल मेरा

कभी-कभी यूहीं चलते-चलते किसी राह में

बस एक ही पल की मुलाकात में

कोई मिल जाता है ऐसा

जो लगता नहीं अजनबी जैसा

उसका बस पास से गुजर जाना

और फिर उसी भीड़ में कहीं खो जाना

वो अहसास जब कागज पर उतरते हैं

तो शब्द मानो जीवित हो उठते हैं

दुआओं में लिपटी दुआ

उससे मिलकर यूँ लगा
जैसे कोई दुआओं में लिपटी दुआ

एक श्रुति जो ऋचओ में सिमटी थी
एक अदा जो सलीके में उतरी थी
एक बात जो एहसास के रूप में थी
एक शब्द जिसकी अभिव्यक्ति बाकी थी

वो स्पर्श जो अनुभूति में ढल गया
वो लम्हा जो जिंदगी बदल गया
वो... जैसे क्षितिज पर छाई हुई शाम
वो...अल्प नही, एक पूर्ण विराम

एक गीत जो संगीत में ढला था
वो संगीत जो धड़कन से सजा था
वो पल बस उसमें ही मुझको जीना था
वो पल बस उसमें ही मुझको मरना था

इस पल के बाद अब क्या
दुआओं से भर कर मुझको वो दुआ
जाने फिर चली गई कहाँ ...

प्रेम में एक मुश्किल है
कि ये बहुत सरल है ...सहज है
प्रेम में यही एक मुश्किल है
कि ये बहुत सरल है ...सहज है ।

सलीका

जिंदगी का तरीका
और बंदगी का सलीका
हर किसी को कहाँ आता है 'साहब'

बात बस इतनी सी है
कि कही गई कैसे
और बात इतनी भी है
कि सुनी गई कैसे
बोलने का तरीका और मौन होने का सलीका
हर किसी को कहाँ आता है 'साहब'

सवाल आँख का है
कि गीली हुई कैसे
और सवाल यह भी है
कि वो छलकी कैसे
भीगने का तरीका और भिगौने का सलीका
हर किसी को कहाँ आता है 'साहब'

फर्क आकृति का है
कि उभरी कैसे
और फर्क यह भी है

कि उकेरी किसने
रंगने का तरीका और रंगरेज होने का सलीका
हर किसी को कहाँ आता है 'साहब'

गंगा जैसे रूप बदल लेती है

पहाडों से मैदानों तक आते-आते

वैसे ही मेरी ये प्रेम गीता

प्रेम गीत हो गई यहाँ तक आते-आते

करो फैसला अब

वो आँखों के रास्ते
 उतर दिल में जाना
और करके यूँ कब्जा
ठिकाना बनाना
ना अर्जी ही डाली ना मर्जी भी पूछी
करो फैसला अब दारोगा-ऐ-जाना

मेरी हसरतें क्या
तेरा खिलखिलाना
मेरी हरकतें क्या
तुझको रिझाना
मुझ जैसी बातें करें कोई कैसे
तुम्हारे ही किस्से तुम्ही को सुनाना
ना अर्जी ही डाली ना मर्जी भी पूछी
करो फैसला अब दारोगा-ऐ-जाना

मेरी आरजू क्या
तेरा मुस्कुराना
मेरी ख्वाहिशें क्या
तुमको ही चाहना
मुझ सी मुहब्बत करे कोई कैसे

तुम्हारी ही चाहत तुम्ही से छुपाना
ना अर्जी ही डाली ना मर्जी भी पूछी
करो फैसला अब दारोगा-ऐ-जाना

मेरी ग़ज़ल क्या
तेरा दूर जाना
मेरे गीत क्या हैं
तेरा पास आना
मुझ जैसे नगमे लिखे कोई कैसे
तुम्हारी ही बातें तुम्ही को बताना
ना अर्जी ही डाली ना मर्जी भी पूछी
करो फैसला अब दारोगा-ऐ-जाना

खुदी को मिटाना पड़ता है ख़ुदा को पाने के लिये
यही एकमात्र रिवाज़ है इश्क निभाने के लिये
यही है बस एक रस्म 'उसकी' जिसे लोग प्रेम कहते है
पर ये भी सचमुच कौन समझा है कि 'प्रेम किसे कहते हैं

ONE WAY ...

जब से हमको मिला है तुम्हारा पता
तब से खुद से ही हम हो गए लापता
इसमें entry ही थी कोई exit ना था
क्या खबर थी कि one way है ये रास्ता
जब से हमको...

मोड़ आते गए और मैं मुडती गई
चाल हर मोड़ के बाद बढ़ती गई
उम्र कमसिन थी हो गया हादसा
जब से हमको ...

हसरतें बेतहाशा मचलने लगी
अल्पनाऐं नयी रोज बनने लगी
अपने हाथों से रंग इनमें भर दो जरा
जब से हमको ...

ख्वाहिशें आकर तुम पर सिमटने लगी
पास आने लगी प्यास बढ़ने लगी
प्यास बढ़ती रहे तुम ये करना दुआ
जब से हमको ...

जब से हमको मिला है तुम्हारा पता
तब से खुद से ही हम हो गए लापता
इसमें entry ही थी कोई exit ना था
क्या खबर थी कि one way है ये रास्ता

www.ingramcontent.com/pod-product-compliance
Lightning Source LLC
LaVergne TN
LVHW061621070526
838199LV00078B/7366
* 9 7 8 9 3 9 3 3 8 6 6 0 1 *